L'AVARE

COMÉDIE

DE MOLIÈRE

arrangée pour être jouée
par des jeunes-gens

PARIS
V. SARLIT, LIBRAIRE

L'AVARE

AMÉDÉE-CHAILLOT, Imprimeur-Libraire-Éditeur,
à Avignon.

L'AVARE

COMÉDIE

DE MOLIÈRE

arrangée pour être jouée
par des jeunes-gens

PARIS
V. SARLIT, LIBRAIRE

1866

L'AVARE

COMÉDIE EN CINQ ACTES

PAR MOLIÈRE

PERSONNAGES.

HARPAGON, riche bourgeois de Paris.
ANSELME, gentilhomme napolitain.
CLÉANTE, fils d'Harpagon.
VALÈRE, fils d'Anselme.
MAITRE SIMON, courtier d'affaires et de mariages.
MAITRE JACQUES, cuisinier et cocher d'Harpagon.
LA FLÈCHE, valet de Cléante.
BRINDAVOINE, } valets d'Harpagon.
LA MERLUCHE,
UN COMMISSAIRE.

ACTE PREMIER.

SCÈNE 1.

HARPAGON, LA FLÈCHE.

HARPAGON.

Hors d'ici tout à l'heure, et qu'on ne réplique pas. Allons, que l'on détale de chez moi, maître juré filou, vrai gibier de potence.

LA FLÈCHE, *à part.*

Je n'ai jamais rien vu de si méchant que ce maudit vieillard ; et je pense, sauf correction, qu'il a le diable au corps.

HARPAGON.

Tu murmures entre tes dents ?

LA FLÈCHE.

Pourquoi me chassez-vous ?

HARPAGON.

C'est bien à toi, pendard, à me demander des raisons ! Sors vite, que je ne t'assomme.

LA FLÈCHE.

Qu'est-ce que je vous ai fait ?

HARPAGON.

Tu m'as fait, que je veux que tu sortes.

LA FLÈCHE.

Mon maître, votre fils, m'a donné l'ordre de l'attendre.

HARPAGON.

Va-t'en l'attendre dans la rue, et ne sois point dans ma maison planté tout droit comme un piquet, à observer ce qui se passe, et faire ton profit de tout. Je ne veux point voir sans cesse devant moi un espion de mes affaires, un traître dont les yeux maudits assiègent toutes mes actions, dévorent ce que je possède, et furètent de tous côtés pour voir s'il n'y a rien à voler.

LA FLÈCHE.

Comment diantre voulez-vous qu'on fasse pour vous voler ? Êtes-vous un homme volable, quand vous renfermez toutes choses, et faites sentinelle jour et nuit ?

HARPAGON.

Je veux renfermer ce que bon me semble, et faire sentinelle comme il me plaît. Ne voilà pas de mes mouchards qui prennent garde à ce qu'on fait ! *(bas, à part.)* Je tremble qu'il n'ait soupçonné quelque chose de mon argent. *(haut.)* Ne serais-tu point homme à faire courir le bruit que j'ai chez moi de l'argent caché ?

LA FLÈCHE.

Vous avez de l'argent caché ?

HARPAGON.

Non, coquin, je ne dis pas cela. *(bas.)* J'enrage. *(haut.)* Je demande si malicieusement tu n'irais point faire courir le bruit que j'en ai.

LA FLÈCHE.

Hé ! que nous importe que vous en ayez ou que vous n'en ayez pas, si c'est pour nous la même chose?

HARPAGON, *levant la main pour donner un soufflet à la Flèche.*

Tu fais le raisonneur ! Je te baillerai de ce raisonnement-ci par les oreilles. Sors d'ici, encore une fois.

LA FLÈCHE.

Hé bien ! je sors.

HARPAGON.

Attends, ne m'emportes-tu rien ?

LA FLÈCHE.

Que vous emporterais-je ?

HARPAGON.

Viens çà que je voie. Montre-moi tes mains.

LA FLÈCHE.

Les voilà.

HARPAGON.

Les autres.

LA FLÈCHE.

Les autres ?

HARPAGON.

Oui.

LA FLÈCHE.

Les voilà.

HARPAGON, *montrant le haut-de-chausses de La Flèche.*

N'as-tu rien mis ici dedans ?

LA FLÈCHE.

Voyez vous-même.

HARPAGON, *tâtant le bas des hauts-de-chausses de La Flèche.*

Ces grands hauts-de-chausses sont propres à devenir les recéleurs des choses qu'on dérobe, et je voudrais qu'on en eût fait pendre quelqu'un.

LA FLÈCHE *à part.*

Ah ! qu'un homme comme cela mériterait bien ce qu'il craint ! et que j'aurais de joie à le voler !

HARPAGON.

Hé ?

LA FLÈCHE.

Quoi ?

HARPAGON.

Qu'est-ce que tu parles de voler ?

LA FLÈCHE.

Je dis que vous fouillez bien partout pour voir si je vous ai volé.

HARPAGON.

C'est ce que je veux faire.

(Harpagon fouille dans les poches de La Flèche.)

LA FLÈCHE, *à part.*

La peste soit de l'avarice et des avaricieux !

HARPAGON.

Comment ? que dis-tu ?

LA FLÈCHE.

Ce que je dis ?

HARPAGON.

Oui. Qu'est-ce que tu dis d'avarice et d'avaricieux ?

LA FLÈCHE.

Je dis que la peste soit de l'avarice et des avaricieux.

HARPAGON.

De qui veux-tu parler ?

LA FLÈCHE.

Des avaricieux.

HARPAGON.

Et qui sont-ils, ces avaricieux ?

LA FLÈCHE.

Des vilains et des ladres.

HARPAGON.

Mais qui est-ce que tu entends par-là ?

LA FLÈCHE.

De quoi vous mettez-vous en peine ?

HARPAGON.

Je me mets en peine de ce qu'il faut.

LA FLÈCHE.

Est-ce que vous croyez que je veux parler de vous ?

HARPAGON.

Je crois ce que je crois ; mais je veux que tu me dises à qui tu parles quand tu dis cela.

LA FLÈCHE.

Je parle.... Je parle à mon bonnet.

HARPAGON.

Et moi, je pourrais bien parler à ta barrette.

LA FLÈCHE.

M'empêcherez-vous de maudire les avaricieux ?

HARPAGON.

Non ; mais je t'empêcherai de jaser et d'être insolent : tais-toi.

LA FLÈCHE.

Je ne nomme personne.

HARPAGON.

Je te rosserai, si tu parles.

LA FLÈCHE.

Qui se sent morveux, qu'il se mouche.

HARPAGON.

Te tairas-tu ?

LA FLÈCHE.

Oui, malgré moi.

HARPAGON.

Ah ! ah !

LA FLÈCHE, *montrant à Harpagon une poche de son justaucorps.*

Tenez, voilà encore une poche. Êtes-vous satisfait ?

HARPAGON.

Allons, rends-le moi sans te fouiller.

LA FLÈCHE.

Quoi ?

HARPAGON.

Ce que tu m'as pris.

LA FLÈCHE.

Je ne vous ai rien pris du tout.

HARPAGON.

Assurément ?

LA FLÈCHE.

Assurément.

HARPAGON.

Adieu. Va-t'en à tous les diables.

LA FLÈCHE, *à part.*

Me voilà fort bien congédié !

HARPAGON.

Je te le mets sur ta conscience au moins.

SCÈNE II.

HARPAGON.

Voilà un pendard de valet qui m'incommode fort ; et je ne me plais point à voir ce chien de boiteux-là. Certes, ce n'est pas une petite peine que de garder chez soi une grande somme d'argent ; et bien heureux qui a tout son fait bien placé, et ne conserve seulement que ce qu'il faut pour sa dépense. On n'est pas peu embarrassé à inventer dans toute une maison une cache fidèle ; car, pour moi, les coffres-forts me sont suspects, et je ne veux jamais m'y fier ; je les tiens justement une franche amorce à voleurs ; et c'est toujours la première chose que l'on va attaquer.

SCÈNE III.

HARPAGON, CLÉANTE.

HARPAGON.

Cependant je ne sais si j'aurai bien fait d'avoir enterré dans mon jardin dix mille écus qu'on me rendit hier. Dix mille écus en or, chez soi, est une somme assez..... *(à part, apercevant Cléante.)* O ciel ! je me serai trahi moi-même ; la chaleur m'aura emporté ; et je crois que j'ai parlé haut en raisonnant tout seul. *(à Cléante.)* Qu'est-ce ?

CLÉANTE.

Rien, mon père.

HARPAGON.

Y a-t-il long-temps que vous êtes là ?

CLÉANTE.

Nous ne venons que d'arriver.

HARPAGON.

Vous avez entendu...

CLÉANTE.

Quoi, mon père ?

HARPAGON.

Là.

CLÉANTE.

Quoi ?

HARPAGON.

Ce que je viens de dire.

CLÉANTE.

Non.

HARPAGON.

Si fait, si fait.

CLÉANTE.

Pardonnez-moi.

HARPAGON.

Je vois bien que vous en avez ouï quelques mots. C'est que je m'entretenais en moi-même de la peine qu'il y a aujourd'hui à trouver de l'argent, et je disais qu'il est bien heureux qui peut avoir dix-mille écus chez soi.

CLÉANTE.

Nous feignions à vous aborder, de peur de vous interrompre.

HARPAGON.

Je suis bien aise de vous dire cela, afin que vous n'alliez pas prendre les choses de travers, et vous imaginer que je dise que c'est moi qui ai dix mille écus.

CLÉANTE.

Nous n'entrons point dans vos affaires.

HARPAGON.

Plut à Dieu que je les eusse, les dix mille écus!

CLÉANTE.

Je ne crois pas...

HARPAGON.

Ce serait une bonne affaire pour moi.

CLÉANTE.

Ce sont des choses...

HARPAGON.

J'en aurais bien besoin.

CLÉANTE.

Je pense que....

HARPAGON.

Cela m'accommoderait fort.

CLÉANTE.

Vous êtes...

HARPAGON.

Et je ne me plaindrai pas comme je fais, que le temps est misérable.

CLÉANTE.

Mon Dieu! mon père, vous n'avez pas lieu de vous plaindre, et l'on sait que vous avez assez de bien.

HARPAGON.

Comment! j'ai assez de bien! Ceux qui le disent en ont menti. Il n'y a rien de plus faux; et ce sont des coquins qui font courir tous ces bruits-là.

CLÉANTE.

Ne vous mettez point en colère.

HARPAGON.

Cela est étrange, que mes propres enfants me trahissent, et deviennent mes ennemis !

CLÉANTE.

Est-ce être votre ennemi, que de dire que vous avez du bien ?

HARPAGON.

Oui. De pareils discours, et les dépenses que vous faites, seront cause qu'un de ces jours on me viendra chez moi couper la gorge, dans la pensée que je suis tout cousu de pistoles.

CLÉANTE.

Quelle grande dépense est-ce que fais ?

HARPAGON.

Quelle ? Est-il rien de plus scandaleux que ce somptueux équipage que vous promenez par la ville ? Je querellais hier votre sœur ; mais c'est encore pis. Voilà qui crie vengeance au ciel ; et, à vous prendre depuis les pieds jusqu'à la tête, il y aurait là de quoi faire une bonne constitution. Je vous l'ai dit vingt fois, mon fils : toutes vos manières me déplaisent fort, vous donnez furieusement dans le marquis ; et, pour aller ainsi vêtu, il faut bien que vous me dérobiez.

CLÉANTE.

Hé ! comment vous dérober ?

HARPAGON.

Que sais-je, moi ? Où pouvez-vous donc prendre de quoi entretenir l'état que vous portez ?

CLÉANTE.

Moi, mon père ? c'est que je joue ; et comme je suis fort heureux, je mets sur moi tout l'argent que je gagne.

HARPAGON.

C'est fort mal fait. Si vous êtes heureux au jeu, vous en devriez profiter, et mettre à honnête intérêt l'argent que vous gagnez, afin de le trouver un jour. Je voudrais bien savoir, sans parler du reste, à quoi servent tous ces rubans dont vous voilà lardé depuis les pieds jusqu'à la tête, et si une demi-douzaine d'aiguillettes ne suffit pas pour attacher un haut-de-chausses. Il est bien nécessaire d'employer de l'argent à des perruques, lorsque l'on peut porter des cheveux de son crû, qui ne coûtent rien ! Je vais gager qu'en perruques et rubans il y a au moins vingt pistoles ; et vingt pistoles rapportent par année dix-huit livres six sous huit deniers, à ne les placer qu'au denier douze.

CLÉANTE.

Vous avez raison.

HARPAGON.

Laissons cela et parlons d'autres affaires... Mais que veut dire ce geste ?

CLÉANTE.

C'est que j'ai quelque chose à vous dire.

HARPAGON.

Et moi, j'ai quelque chose aussi à vous dire.

CLÉANTE.

C'est de mariage, mon père, que je désirerais vous parler.

HARPAGON.

Et c'est de mariage aussi que je veux vous entretenir. Avez-vous vu, dites-moi une jeune personne appelée Marianne, qui ne loge pas loin d'ici ?

CLÉANTE.

Oui, mon père.

HARPAGON.

Comment, mon fils, trouvez-vous cette fille ?

CLÉANTE.

Une fort charmante personne.

HARPAGON.

Sa physionomie ?

CLÉANTE.

Tout honnête et pleine d'esprit.

HARPAGON.

Son air et sa manière ?

CLÉANTE.

Admirables, sans doute.

HARPAGON.

Ne croyez-vous pas qu'une fille comme cela mériterait assez que l'on songeât à elle ?

CLÉANTE.

Oui, mon père.

HARPAGON.

Que ce serait un parti souhaitable ?

CLÉANTE.

Très souhaitable.

HARPAGON.

Qu'elle a toute la mine de faire un bon ménage ?

CLÉANTE.

Sans doute.

HARPAGON.

Et qu'un mari aurait satisfaction avec elle ?

CLÉANTE.

Assurément.

HARPAGON.

Il y a une petite difficulté ; c'est que j'ai peur qu'il n'y ait pas, avec elle, tout le bien qu'on pourrait prétendre.

CLÉANTE.

Ah ! mon père, le bien n'est pas considérable lorsqu'il est question d'épouser une honnête personne.

HARPAGON.

Pardonnez-moi, pardonnez-moi. Mais ce qu'il y a à dire, c'est que, si l'on n'y trouve pas tout le bien qu'on souhaite, on peut tâcher de regagner cela sur autre chose.

CLÉANTE.

Cela s'entend.

HARPAGON.

Enfin je suis bien aise de vous voir dans mes sentiments, car son maintien honnête et sa douceur m'ont gagné l'âme ; et je suis résolu de l'épouser, pourvu que j'y trouve quelque bien.

CLÉANTE.

Hé !

HARPAGON.

Comment ?

CLÉANTE.

Vous êtes résolu, dites-vous...

HARPAGON.

D'épouser Marianne.

CLÉANTE.

Qui ? vous ? vous ?

HARPAGON.

Oui, moi, moi, moi. Que veut dire cela ?

CLÉANTE.

Il m'a pris tout à coup un éblouissement, et je me retire d'ici.

HARPAGON.

Cela ne sera rien. Allez vite boire dans la cuisine un grand verre d'eau claire.

SCÈNE IV.

HARPAGON, VALÈRE.

HARPAGON.

Voilà de mes damoiseaux fluets qui n'ont non plus de vigueur que des poules. Voilà donc ce que j'ai résolu pour moi. Quant à mon fils, je lui destine une certaine veuve dont ce matin on m'est venu parler, et je donne ma fille Élise au seigneur Anselme, homme mûr, prudent et sage, qui n'a pas plus de cinquante ans, et dont on vante les grands biens. Élise n'en veut pas. *(Apercevant Valère de loin.)* Ici, Valère, tu vas me dire qui a raison, de moi ou de ma fille.

VALÈRE.

C'est vous, monsieur, sans contredit.

HARPAGON.

Sais-tu bien de quoi nous parlons ?

VALÈRE.

Non ; mais vous ne sauriez avoir tort, et vous êtes toute raison.

HARPAGON.

Je veux ce soir lui donner pour époux un homme aussi riche que sage ; et la coquine me dit au nez qu'elle se moque de le prendre. Que dis-tu de cela ?

VALÈRE.

Ce que j'en dis ?

HARPAGON.

Oui.

VALÈRE.

Hé ! hé !

HARPAGON.

Quoi ?

VALÈRE.

Je dis que, dans le fond, je suis de votre sentiment ; et vous ne pouvez pas que vous n'ayez raison : mais aussi n'a-t-elle pas tort tout-à-fait ; et...

HARPAGON.

Comment ! le seigneur Anselme est un parti considérable ; c'est un gentilhomme qui est noble, doux, posé, sage et fort accommodé, et auquel il ne reste aucun enfant de son premier mariage. Saurait-elle mieux rencontrer ?

VALÈRE.

Cela est vrai ; mais elle pourrait vous dire que c'est un peu précipiter les choses, et qu'il faudrait au moins quelque temps pour voir si son inclination pourrait s'accorder avec...

HARPAGON.

C'est une occasion qu'il faut prendre vite aux cheveux. Je trouve ici un avantage qu'ailleurs je ne trouverais pas, et il s'engage à la prendre sans dot.

VALÈRE.

Sans dot ?

HARPAGON.

Oui.

VALÈRE.

Ah ! je ne dis plus rien. Voyez-vous ? voilà une raison tout-à-fait convaincante ; il se faut rendre à cela.

HARPAGON.

C'est pour moi une épargne considérable.

VALÈRE.

Assurément, cela ne reçoit pas de contradiction. Il est vrai que votre fille vous peut représenter que le mariage est une plus grande affaire qu'on ne peut croire ; qu'il y va d'être heureux ou malheureux toute sa vie ; et qu'un engagement qui doit durer jusqu'à la mort ne se doit jamais faire qu'avec de grandes précautions.

HARPAGON.

Sans dot !

VALÈRE.

Vous avez raison. Voilà qui décide tout, cela s'entend. Il y a des gens qui pourraient vous dire qu'en de telles occasions l'inclination d'une fille est une chose, sans doute, où l'on doit avoir de l'égard, et que cette grande inégalité d'âge, d'humeur et de sentiments, rend un mariage sujet à des accidents très fâcheux.

HARPAGON.

Sans dot !

VALÈRE.

Ah ! il n'y a pas de réplique à cela, on le sait bien. Qui diantre peut aller là contre ? Ce n'est pas qu'il n'y ait quantité de pères qui aimeraient mieux ménager la satisfaction de leurs filles que l'argent qu'ils pourraient donner ; qui ne les voudraient point sacrifier à l'intérêt, et chercheraient, plus que toute autre chose, à mettre dans un mariage cette douce conformité qui sans cesse y maintient l'honneur, la tranquillité et la joie ; et que...

HARPAGON.

Sans dot !

VALÈRE.

Il est vrai, cela ferme la bouche à tout. Sans dot ! Le moyen de résister à une raison comme celle-là !

HARPAGON, *à part, regardant du côté du jardin.*

Ouais ! il me semble que j'entends un chien qui aboie. N'est-ce point qu'on en voudrait à mon argent ? *(à Valère.)* Ne bougez, je reviens tout à l'heure.

SCÈNE V.

VALÈRE.

Heurter de front ses sentiments, c'est le moyen de tout gâter ; et il y a de certains esprits qu'il ne faut prendre qu'en biaisant, des tempéraments ennemis de toute résistance, des naturels rétifs que la vérité fait cabrer, qui toujours se raidissent contre le droit chemin de la raison, et qu'on ne mène qu'en tournant où l'on veut les conduire.

SCÈNE VI.

HARPAGON, VALÈRE.

HARPAGON, *à part, dans le fond du théâtre.*
Ce n'est rien, Dieu merci !

VALÈRE, (*haut en apercevant Harpagon.*)
Oui, il faut qu'une fille obéisse à son père. Il ne faut point qu'elle regarde comme un mari est fait ; et lorsque la grande raison de, sans dot, s'y rencontre, elle doit être prête à prendre tout ce qu'on lui donne.

HARPAGON.
Bon ! voilà bien parler cela !

VALÈRE.
Monsieur, je vous demande pardon si je m'emporte un peu, et si je prends la hardiesse de me disposer à parler ainsi à votre fille.

HARPAGON.
Comment ! j'en suis ravi, et je veux que tu prennes sur elle un pouvoir absolu. J'entends qu'elle fasse tout ce que tu lui diras.

VALÈRE.
Il est bon de lui tenir la bride un peu haute.

HARPAGON.

Cela est vrai ; il faut...

VALÈRE.

Ne vous en mettez pas en peine. Je crois que j'en viendrai à bout.

HARPAGON.

Fais, fais. Je m'en vais faire un petit tour en ville, et reviens tout à l'heure.

VALÈRE, *comme s'il adressait la parole à Élise*

Oui, l'argent est plus précieux que toutes les choses du monde, et vous devez rendre grâce au ciel de l'honnête homme de père qu'il vous a donné. Il sait ce que c'est que de vivre. Lorsqu'on s'offre de prendre une fille sans dot, on ne doit point regarder plus avant. Tout est renfermé là-dedans ; et, sans dot, tient lieu de beauté, de jeunesse, de naissance, d'honneur, de sagesse et de probité.

HARPAGON, *seul*.

Ah ! le brave garçon ! voilà parler comme un oracle ! Heureux qui peut avoir un domestique de la sorte !

FIN DU PREMIER ACTE.

ACTE SECOND.

SCÈNE I.
CLÉANTE, LA FLÈCHE.

CLÉANTE.

Ah! traître que tu es, où t'es-tu donc allé fourrer? Ne t'avais-je pas donné ordre....?

LA FLÈCHE.

Oui, monsieur, je m'étais rendu ici pour vous attendre de pied ferme; mais monsieur votre père, le plus malgracieux des hommes, m'a chassé dehors malgré moi, et j'ai couru risque d'être battu.

CLÉANTE.

Comment va notre affaire? Les choses pressent plus que jamais. Depuis que je t'ai vu, j'ai découvert que mon père est mon rival.

LA FLÈCHE.

Votre père?

CLÉANTE.

Oui; et j'ai eu toutes les peines du monde à lui cacher le trouble où cette nouvelle m'a mis.

LA FLÈCHE.

Lui? De quoi diable s'avise-t-il? Se moque-t-il du monde?

CLÉANTE.

Quelle réponse t'a-t-on faite ?

LA FLÈCHE.

Ma foi, monsieur, ceux qui empruntent sont bien malheureux ; et il faut essuyer d'étranges choses lorsqu'on est réduit à passer, comme vous, par les mains des fesse-Matthieu.

CLÉANTE.

L'affaire ne se fera point ?

LA FLÈCHE.

Pardonnez-moi. Notre maître Simon, le courtier qu'on nous a donné, homme agissant et plein de zèle, dit qu'il a fait rage pour vous, et il assure que votre seule physionomie lui a gagné le cœur.

CLÉANTE.

J'aurai les quinze mille francs que je demande ?

LA FLÈCHE.

Oui, mais à quelques petites conditions qu'il faudra que vous acceptiez, si vous avez dessein que les choses se fassent.

CLÉANTE.

T'a-t-il fait parler à celui qui doit prêter l'argent ?

LA FLÈCHE.

Ah ! vraiment cela ne va pas de la sorte. Il apporte encore plus de soin à se cacher que vous ; et ce sont des mystères bien plus grands que vous ne pensez. On ne veut point du tout dire son nom, et l'on doit aujourd'hui l'aboucher avec vous dans une maison empruntée, pour être instruit par votre bouche de votre bien et de votre famille; et je ne doute point que le seul nom de votre père ne rende les choses faciles.

CLÉANTE.

Et principalemement ma mère étant morte, dont on ne peut m'ôter le bien.

LA FLÈCHE.

Voici quelques articles qu'il a dictés lui-même à notre entremetteur, pour vous être montrés avant que de rien faire :

« Supposé que le prêteur voie toutes ses sûretés,
« et que l'emprunteur soit majeur, et d'une famille
« où le bien soit ample, solide, assuré, clair, et net
« de tout embarras, on fera une bonne et exacte
« obligation par devant un notaire, le plus honnête
« homme qu'il se pourra, et qui, pour cet effet, sera
« choisi par le prêteur, auquel il importe le plus
« que l'acte soit dûment dressé. »

CLÉANTE.

Il n'y a rien à dire à cela.

LA FLÈCHE.

« Le prêteur, pour ne charger sa conscience d'au-
« cun scrupule, prétend ne donner son argent qu'au
« denier dix-huit. »

CLÉANTE.

Au denier dix-huit ? Parbleu ! voilà qui est honnête. Il n'y a pas lieu de se plaindre.

LA FLÈCHE.

Cela est vrai.

« Mais comme le dit prêteur n'a pas chez lui la
« somme dont il est question, et que, pour faire
« plaisir à l'emprunteur, il est contraint lui-même
« de l'emprunter d'un autre sur le pied du denier
« cinq, il conviendra que le dit premier emprunteur
« paie cet intérêt, sans préjudice du reste, attendu
« que ce n'est que pour l'obliger que le dit prêteur
« s'engage à cet emprunt. »

CLÉANTE.

Comment diable ! quel juif ! quel arabe est-ce là ! C'est plus qu'au denier quatre.

LA FLÈCHE.

Il est vrai, c'est ce que j'ai dit. Vous avez à voir là-dessus.

CLÉANTE.

Que veux-tu que je voie ? j'ai besoin d'argent, et il faut bien que je consente à tout.

LA FLÈCHE.

C'est la réponse que j'ai faite.

CLÉANTE.

Il y a encore quelque chose ?

LA FLÈCHE.

Ce n'est plus qu'un petit article.

« Des quinze mille francs qu'on demande, le
« prêteur ne pourra compter en argent que douze

« mille livres ; et, pour les mille écus restants, il
« faudra que l'emprunteur prenne les hardes, nippes
« et bijoux dont s'en suit le mémoire, et que le dit
« prêteur a mis de bonne foi au plus modique prix
« qu'il lui a été possible. »

CLÉANTE.

Que veut dire cela ?

LA FLÈCHE.

Ecoutez le mémoire.

« Premièrement, un lit de quatre pieds, à bandes
« de point de Hongrie, appliqués fort proprement
« sur un drap de couleur d'olive, avec six chaises
« et la courte-pointe de même ; le tout bien condi-
« tionné, et doublé d'un petit taffetas changeant
« rouge et bleu. »

« Plus, un pavillon à queue, d'une bonne serge
« d'Aumale rose sèche, avec le mollet et les franges
« de soie. »

CLÉANTE.

Que veut-il que je fasse de cela ?

LA FLÈCHE.

Attendez.

« Plus, une tenture de tapisserie des amours de
« Gombaud et de Macé. »

« Plus, une grande table de bois de noyer à douze
« colonnes ou piliers tournés, qui se tire par les
« deux bouts, et garnie par le dessous de ses six
« escabelles. »

CLÉANTE.

Qu'ai-je à faire, morbleu !...

LA FLÈCHE.

Donnez-vous patience.

« Plus, trois gros mousquets tout garnis de nacre
« de perle, avec les trois fourchettes assortissan-
« tes. »

« Plus, un fourneau de brique avec deux cornues
« et trois récipients fort utiles à ceux qui sont cu-
« rieux de distiller. »

CLÉANTE.

J'enrage !

LA FLÈCHE

Doucement.

« Plus, un luth de Bologne, garni de toutes ses
« cordes, ou peu s'en faut.

« Plus, un trou-madame, et un damier, avec un
« jeu de l'oie renouvelé des Grecs, fort propre à
« passer le temps lorsque l'on n'a que faire.

« Plus, une peau de lézard de trois pieds et
« demi, remplie de foin, curiosité agréable pour
« pendre au plancher d'une chambre.

« Le tout ci-dessus mentionné valant loyalement
« plus de quatre mille cinq cents livres, et rabaissé
« à la valeur de mille écus, par la discrétion du
« prêteur. »

CLÉANTE.

Que la peste l'étouffe avec sa discrétion, le traître,
le bourreau qu'il est ! A-t-on jamais parlé d'une

usure semblable ? et n'est-il pas content du furieux intérêt qu'il exige, sans vouloir encore m'obliger à prendre pour trois mille livres les vieux rogatons qu'il ramasse ? Je n'aurai pas deux cents écus de tout cela. Et cependant il faut bien me résoudre à consentir à ce qu'il veut ; car il est en état de me faire tout accepter, et il me tient, le scélérat, le poignard sur la gorge.

LA FLÈCHE.

Je vous vois, monsieur, ne vous en déplaise, dans le grand chemin justement que tenait Panurge pour se ruiner, prenant argent d'avance, achetant cher, vendant à bon marché, et mangeant son blé en herbe.

CLÉANTE.

Que veux-tu que j'y fasse ? voilà où les jeunes gens sont réduits par la maudite avarice des pères : et on s'étonne après cela que les fils souhaitent qu'ils meurent !

LA FLÈCHE.

Il faut avouer que le vôtre animerait contre sa vilenie le plus posé homme du monde. Je n'ai pas, dieu merci, les inclinations fort patibulaires ; et, parmi mes confrères que je vois se mêler de beaucoup de petits commerces, je sais tirer adroitement mon épingle du jeu, et me démêler prudemment de toutes les galanteries qui sentent tant soit peu l'échelle ; mais, à vous dire vrai, il me donnerait, par ses procédés, des tentations de le voler ; et je croirais, en le volant, faire une action méritoire.

CLÉANTE.

Donne-moi un peu ce mémoire que je le voie encore.

SCÈNE II.

HARPAGON, maître SIMON ; CLÉANTE
ET LA FLÈCHE, *dans le fond du théâtre.*

Me SIMON.

Oui, monsieur, c'est un jeune homme qui a besoin d'argent : ses affaires le pressent d'en trouver, et il en passera par tout ce que vous prescrirez.

HARPAGON.

Mais, croyez-vous, maître Simon, qu'il n'y ait rien à péricliter ? et savez-vous le nom, les biens et la famille de celui pour qui vous parlez ?

Me SIMON.

Non. Je ne puis pas bien vous en instruire à fond ; et ce n'est que par aventure que l'on m'a adressé à lui : mais vous serez de toutes choses éclairci par lui-même, et son homme m'a assuré que vous serez content quand vous le connaîtrez. Tout ce que je saurais vous dire, c'est que sa famille est fort riche, qu'il n'a plus de mère déjà, et qu'il s'obligera, si vous voulez, que son père mourra avant qu'il soit huit mois.

HARPAGON.

C'est quelque chose que cela. La charité, maître

Simon, nous oblige à faire plaisir aux personnes lorsque nous le pouvons.

Me SIMON.

Cela s'entend.

LA FLÈCHE, *bas à Cléante, reconnaissant maître Simon.*

Que veut dire ceci ? Notre maître Simon qui parle à votre père ?

CLÉANTE, *bas, à La Flèche.*

Lui aurait-on appris qui je suis ? et serais-tu pour me trahir ?

Me SIMON, *à Cléante et à La Flèche.*

Ah ! ah ! vous êtes bien pressés ! Qui vous a dit que c'était céans ? *(à Harpagon.)* Ce n'est pas moi, monsieur, au moins, qui leur ai découvert votre nom et votre logis. Mais, à mon avis, il n'y a pas grand mal à cela ; ce sont des personnes discrètes, et vous pouvez ici vous expliquer ensemble.

HARPAGON.

Comment !

Me SIMON, *montrant Cléante.*

Monsieur est la personne qui veut vous emprunter les quinze milles livres dont je vous ai parlé.

HARPAGON.

Comment, pendard ! c'est toi qui t'abandonnes à ces coupables extrémités !

CLÉANTE.

Comment, mon père ! c'est vous qui vous portez à ces honteuses actions !

(*Maître Simon s'enfuit, et La Flèche va se cacher.*)

SCÈNE III.

HARPAGON, CLÉANTE.

HARPAGON.

C'est toi qui te veux ruiner par des emprunts si condamnables !

CLÉANTE.

C'est vous qui cherchez à vous enrichir par des usures si criminelles !

HARPAGON.

Oses-tu bien, après cela, paraître devant moi ?

CLÉANTE.

Osez-vous bien, après cela, vous présenter aux yeux du monde ?

HARPAGON.

N'as-tu point de honte, dis-moi, d'en venir à ces débauches-là, de te précipiter dans des dépenses effroyables, et de faire une honteuse dissipation du bien que tes parents t'ont amassé avec tant de sueurs ?

CLÉANTE.

Ne rougissez-vous point de déshonorer votre condition par les commerces que vous faites, de sacrifier gloire et réputation au désir insatiable d'entasser écu sur écu, et de renchérir, en fait d'intérêt, sur les plus infâmes subtilités qu'aient jamais inventées les plus célèbres usuriers ?

HARPAGON.

Ote-toi de mes yeux, coquin, ôte-toi de mes yeux.

CLÉANTE.

Qui est plus criminel, à votre avis, ou celui qui achète un argent dont il a besoin, ou bien celui qui vole un argent dont il n'a que faire ?

HARPAGON.

Retire-toi, te dis-je, et ne m'échauffe pas les oreilles. *(seul.)* Je ne suis pas fâché de cette aventure ; et ce m'est un avis de tenir l'œil plus que jamais sur toutes ses actions.

SCÈNE IV.

MAITRE SIMON, HARPAGON.

Mᵉ SIMON.

Monsieur.

HARPAGON.

Attendez un moment, je vais revenir vous parler. *(à part.)* Il est à propos que je fasse un petit tour à mon argent.

SCÈNE V.

LA FLÈCHE, MAITRE SIMON.

LA FLÈCHE, *sans voir maître Simon.*
L'aventure est tout-à-fait drôle. Il faut bien qu'il ait quelque part un ample magasin de hardes ; car nous n'avons rien reconnu au mémoire que nous en avons. Ah ! c'est toi, maître Simon ! que viens-tu faire encore ici ?

Me SIMON.
Ce que je fais partout ailleurs ; m'entremettre d'affaires ; me rendre serviable aux gens, et profiter, du mieux qu'il m'est possible, des petits talents que je puis avoir. Tu sais que, dans ce monde, il faut vivre d'adresse, et qu'aux personnes comme moi le ciel n'a donné d'autres rentes que l'intrigue et l'industrie.

LA FLÈCHE.
As-tu quelque négoce avec le patron du logis ?

Me SIMON.
Oui, je traite pour lui quelque petite affaire dont j'espère une récompense.

LA FLÈCHE.
De lui ? Ah ! ma foi, tu seras bien fin si tu en tires quelque chose ; et je te donne avis que l'argent céans est fort cher.

Me SIMON.

Il y a de certains services qui touchent merveilleusement.

LA FLÈCHE.

Je suis votre valet, et tu ne connais pas encore le seigneur Harpagon. Le seigneur Harpagon est de tous les humains l'humain le moins humain, le mortel de tous les mortels le plus dur et le plus serré. Il n'est point de services qui pousse sa reconnaissance jusqu'à lui faire ouvrir les mains. De la louange, de l'estime, de la bienveillance en paroles, et de l'amitié, tant qu'il vous plaira ; mais de l'argent, point d'affaires. Il n'est rien de plus sec et de plus aride que ses bonnes grâces et ses caresses ; et *donner* est un mot pour qui il a tant d'aversion, qu'il ne dit jamais, *Je vous donne,* mais, *Je vous prête le bon jour.*

Me SIMON.

Mon dieu ! je sais l'art de traire les hommes ; j'ai le secret de m'ouvrir leur tendresse, de chatouiller leurs cœurs, de trouver les endroits par où ils sont sensibles.

LA FLÈCHE.

Bagatelles ici. Je te défie d'attendrir, du côté de l'argent, l'homme dont il est question. Il est turc là-dessus, mais d'une turquerie à désespérer tout le monde ; et l'on pourrait crever qu'il n'en branlerait pas. En un mot, il aime l'argent plus que réputation, qu'honneur et que vertu ; et la vue d'un demandeur lui donne des convulsions ; c'est le frapper par son endroit mortel, c'est lui percer le cœur, c'est lui arracher les entrailles ; et si... Mais il vient, je me retire.

SCÈNE VI.

HARPAGON, Maitre SIMON.

HARPAGON, *bas*.

Tout va comme il faut. *(haut)* Hé bien ? qu'est-ce, maître Simon ?

Me SIMON.

Ah ! mon dieu ! que vous vous portez bien ! et que vous avez là un vrai visage de santé !

HARPAGON.

Qui ? moi ?

Me SIMON.

Jamais je ne vous vis un teint si frais et si gaillard.

HARPAGON.

Tout de bon !

Me SIMON.

Comment ! vous n'avez de votre vie été si jeune que vous êtes, et je vois des gens de vingt-cinq ans qui sont plus vieux que vous.

HARPAGON.

Cependant j'en ai soixante bien comptés.

Me SIMON.

Hé bien ! qu'est-ce que cela ? soixante ans ! voilà bien de quoi ! C'est la fleur de l'âge, cela ; et vous entrez maintenant dans la belle saison de l'homme.

HARPAGON.

Il est vrai ; mais vingt années de moins pourtant ne me feraient point de mal, que je crois.

Me SIMON.

Vous moquez-vous ? Vous n'avez pas besoin de cela, et vous êtes d'une pâte à vivre jusqu'à cent ans.

HARPAGON.

Tu le crois ?

Me SIMON.

Assurément ; vous en avez toutes les marques. Tenez-vous un peu. Oh ! que voilà bien, entre vos deux yeux, un signe de longue vie !

HARPAGON.

Tu te connais à cela ?

Me SIMON.

Sans doute. Montrez-moi votre main. Ah ! mon dieu ! quelle ligne de vie !

HARPAGON.

Comment ?

Me SIMON.

Ne voyez-vous pas jusqu'où va cette ligne-là ?

HARPAGON.

Hé bien ? qu'est-ce que cela veut dire ?

Me SIMON.

Par ma foi, je disais cent ans ; mais vous passerez les six vingt.

HARPAGON.

Est-il possible ?

Me SIMON.

Il faudra vous assommer, vous dis-je ; et vous mettrez en terre vos enfants et les enfants de vos enfants.

HARPAGON.

Tant mieux. Comment va notre affaire ?

Me SIMON.

Faut-il le demander ? et me voit-on mêler de rien dont je ne vienne à bout ? J'ai, surtout pour les mariages un talent merveilleux. Il n'est point de partis au monde que je ne trouve en peu de temps le moyen d'accoupler ; et je crois, si je me l'étais mis en tête, que je marierais le Grand Turc avec la république de Venise. Il n'y avait pas, sans doute, de si grandes difficultés à cette affaire-ci. Comme j'ai commerce chez elles, je les ai à fond l'une et l'autre entretenues de vous ; et j'ai dit à la mère le dessein que vous aviez conçu pour Marianne, à la voir passer dans la rue ou prendre l'air à sa fenêtre.

HARPAGON.

Qui a fait réponse... ?

Me SIMON.

Elle a reçu la proposition avec joie ; et quand je

lui ai témoigné que vous souhaitiez fort que sa fille assistât ce soir au contrat de mariage qui doit se faire de la vôtre, elle y a consenti sans peine, et me l'a confiée pour cela.

HARPAGON.

C'est que je suis obligé, maître Simon, de donner à souper au seigneur Anselme ; et je serai bien aise qu'elle soit du régal.

Me SIMON.

Vous avez raison. Elle doit après dîner rendre visite à votre fille, d'où elle fait son compte d'aller faire un tour à la foire, pour venir ensuite au souper.

HARPAGON.

Hé bien ! elles iront ensemble dans mon carrosse, que je leur prêterai.

Me SIMON.

Voilà justement son affaire.

HARPAGON.

Mais, maître Simon, as-tu entretenu la mère touchant le bien qu'elle peut donner à sa fille ? Lui as-tu dit qu'il fallait qu'elle s'aidât un peu, qu'elle fît quelque effort, qu'elle se saignât pour une occasion comme celle-ci ? car encore n'épouse-t-on point une fille sans qu'elle apporte quelque chose.

Me SIMON.

Comment ! c'est une fille qui vous apportera douze mille livres de rente.

HARPAGON.

Douze mille livres de rente ?

ME SIMON.

Oui. Premièrement, elle est nourrie et élevée dans une grande épargne de bouche : c'est une fille accoutumée à vivre de salade, de lait, de fromage et de pommes, et à laquelle, par conséquent, il ne faudra ni table bien servie, ni consommés exquis, ni orges mondés perpétuels, ni les autres délicatesses qu'il faudrait pour une autre femme ; et cela ne va pas à si peu de chose, qu'il ne monte bien tous les ans à trois mille francs pour le moins. Outre cela, elle n'est curieuse que d'une propreté fort simple, et n'aime point les superbes habits, ni les riches bijoux, ni les meubles somptueux, où donnent ses pareilles avec tant de chaleur ; et cet article-là vaut plus de quatre mille livres par an. De plus, elle a une aversion horrible pour le jeu ; ce qui n'est pas commun aux femmes d'aujourd'hui ; et j'en sais une de nos quartiers qui a perdu, à trente et quarante, vingt mille francs cette année. Mais n'en prenons rien que le quart. Cinq mille francs au jeu par an, quatre mille francs en habits et bijoux, cela fait neuf mille livres ; et mille écus que nous mettons pour la nourriture : ne voilà-t-il pas par année vos douze mille francs bien comptés ?

HARPAGON.

Oui, cela n'est pas mal ; mais ce compte-là n'est rien de réel.

MC SIMON.

Pardonnez-moi. N'est-ce pas quelque chose de réel que de vous apporter en mariage une grande sobriété, l'héritage d'un grand amour de simplicité de parure, et l'acquisition d'un grand fonds de haine pour le jeu ?

HARPAGON.

C'est une raillerie que de vouloir me constituer sa dot de toutes les dépenses qu'elle ne fera point. Je n'irai point donner quittance de ce que je ne reçois pas ; et il faut bien que je touche quelque chose.

ME SIMON.

Mon dieu ! vous toucherez assez ; et elles m'ont parlé d'un certain pays où elles ont du bien dont vous serez le maître.

HARPAGON.

Dis-moi un peu : Marianne ne m'a-t-elle point encore vu ? N'a-t-elle point pris garde à moi en passant ?

ME SIMON.

Non ; mais nous nous sommes fort entretenus de vous : je lui ai fait un portrait de votre personne ; et je n'ai pas manqué de lui vanter votre mérite, et l'avantage que ce lui serait d'avoir un mari comme vous.

HARPAGON.

Tu as bien fait, et je t'en remercie.

2.

Me SIMON.

J'aurais, monsieur, une petite prière à vous faire. J'ai un procès que je suis sur le point de perdre, faute d'un peu d'argent ; *(Harpagon prend un air sérieux.)* et vous pourriez facilement me procurer le gain de ce procès, si vous aviez quelques bontés pour moi... Vous ne sauriez croire le plaisir qu'elle aura de vous voir. *(Harpagon reprend un air gai.)* Ah ! que vous lui plairez ! et que votre fraise à l'antique fera sur son esprit un effet admirable ! Mais surtout elle sera charmée de votre haut-de-chausses attaché au pourpoint avec des aiguillettes.

HARPAGON.

Certes, tu me ravis de me dire cela.

Me SIMON.

En vérité, monsieur, ce procès m'est d'une conséquence tout à fait grande. *(Harpagon reprend son air sérieux.)* Je suis ruiné si je le perds ; et quelque petite assistance me rétablirait mes affaires.... Je voudrais que vous eussiez vu le ravissement où elle était à m'entendre parler de vous. *(Harpagon reprend un air gai.)* La joie éclatait dans ses yeux au récit de vos qualités ; et je l'ai mise enfin dans une impatience extrême de voir ce mariage entièrement conclu.

HARPAGON.

Tu m'as fait grand plaisir, maître Simon, et je t'en ai, je te l'avoue, toutes les obligations du monde.

Me SIMON.

Je vous prie. monsieur, de me donner le petit

secours que je vous demande. *(Harpagon reprend encore son air sérieux.)* Cela me remettra sur pied, et je vous en serai éternellement obligé.

HARPAGON.

Adieu. Je vais achever mes dépêches.

MC SIMON.

Je vous assure, monsieur, que vous ne sauriez jamais me soulager dans un plus grand besoin.

HARPAGON.

Je mettrai ordre que mon carrosse soit tout prêt pour vous mener à la foire.

ME SIMON.

Je ne vous importunerais pas si je ne m'y voyais forcé par la nécessité.

HARPAGON.

Et j'aurai soin qu'on soupe de bonne heure pour ne vous point faire malades.

ME SIMON.

Ne me refusez pas la grace dont je vous sollicite. Vous ne sauriez croire, monsieur, le plaisir que...

HARPAGON.

Je m'en vais. Voilà qu'on m'appelle. Jusqu'à tantôt.

ME SIMON, *seul.*

Que la fièvre te serre, chien de vilain, à tous les diables ! Le ladre a été ferme à toutes mes attaques.

mais il ne me faut pas pourtant quitter la négociation ; et j'ai l'autre côté, en tout cas, d'où je suis assuré de tirer bonne récompense.

FIN DU SECOND ACTE.

ACTE TROISIÈME.

SCÈNE I.

HARPAGON, CLÉANTE, VALÈRE, MAITRE JACQUES, LA MERLUCHE, BRINDAVOINE.

HARPAGON.

Allons, venez çà tous, que je vous distribue mes ordres pour tantôt, et règle à chacun son emploi. Approchez, Brindavoine ; commençons par vous. Je vous commets au soin de nettoyer partout ; et surtout, prenez garde de frotter les meubles trop fort, de peur de les user. Outre cela, je vous constitue pendant le souper au gouvernement des bouteilles ; et, s'il s'en écarte quelqu'une, et qu'il se casse quelque chose, je m'en prendrai à vous, et le rabattrai sur vos gages.

ME JACQUES, *à part.*

Châtiment politique !

HARPAGON.

De plus, Brindavoine, et vous, La Merluche, je vous établis dans la charge de rincer les verres, et de donner à boire, mais seulement lorsque l'on aura soif, et non pas selon la coutume de certains impertinents de laquais qui viennent provoquer les gens, et les faire aviser de boire lorsqu'on n'y songe pas. Attendez qu'on vous en demande plus d'une fois, et vous ressouvenez de porter toujours beaucoup d'eau.

ME JACQUES, *à part.*

Oui, le vin pur monte à la tête.

LA MERLUCHE.

Quitterons-nous nos souquenilles, monsieur ?

HARPAGON.

Oui, quand vous verrez venir les personnes ; et gardez bien de gâter vos habits.

BRINDAVOINE.

Vous savez bien, monsieur, qu'un des devants de mon pourpoint est couvert d'une grande tache de l'huile de la lampe.

LA MERLUCHE.

Et moi, monsieur, que j'ai mon haut-de-chausses tout troué par derrière, et qu'on me voit, révérence parler...

HARPAGON, *à La Merluche.*

Paix ; rangez cela adroitement du côté de la muraille, et présentez toujours le devant au monde.
(*à Brindavoine, en lui montrant comme il doit mettre son chapeau au devant de son pourpoint pour cacher la tache d'huile.*)
Et vous, tenez toujours votre chapeau ainsi, lorsque vous servirez.

SCÈNE III.

HARPAGON, CLÉANTE, VALÈRE, Maitre JACQUES.

HARPAGON.

Et vous, mon fils le damoiseau, à qui j'ai la bonté de pardonner l'histoire de tantôt, ne vous allez pas aviser non plus de lui faire mauvais visage.

CLÉANTE.

Moi, mon père ? mauvais visage ? Et par quelle raison ?

HARPAGON.

Mon dieu ! nous savons le train des enfants dont les pères se remarient, et de quel œil ils ont coutume de regarder ce qu'on appelle belle-mère. Mais si vous souhaitez que je perde le souvenir de votre fredaine, je vous recommande surtout de régaler d'un bon visage cette personne-là, et de lui faire enfin le meilleur accueil qu'il vous sera possible.

CLÉANTE.

A vous dire le vrai, mon père, je ne puis pas vous promettre d'être bien aise qu'elle devienne ma belle-mère ; je mentirais si je vous le disais ; mais pour ce qui est de la bien recevoir, et de lui faire bon visage, je vous promets de vous obéir ponctuellement sur ce chapitre.

HARPAGON.

Prenez-y garde, au moins.

CLÉANTE.

Vous verrez que vous n'aurez pas sujet de vous en plaindre.

HARPAGON.

Vous ferez sagement.

SCÈNE III.

HARPAGON, VALÈRE, Maitre JACQUES.

HARPAGON.

Valère, aide-moi à ceci. Oh çà ! maître Jacques, approchez-vous ; je vous ai gardé pour le dernier.

Me JACQUES.

Est-ce à votre cocher, monsieur, ou bien à votre cuisinier que vous voulez parler ? car je suis l'un et l'autre.

HARPAGON.

C'est à tous les deux.

Me JACQUES.

Mais à qui des deux le premier ?

HARPAGON.

Au cuisinier.

Me JACQUES.

Attendez-donc s'il vous plaît.

(*Maître Jacques ôte sa casaque de cocher, et paraît vêtu en cuisinier.*)

HARPAGON.

Quelle diantre de cérémonie est-ce là ?

Me JACQUES.

Vous n'avez qu'à parler.

HARPAGON.

Je me suis engagé, maître Jacques, à donner ce soir à souper.

Me JACQUES, *à part.*

Grande merveille !

HARPAGON.

Dis-moi un peu, nous feras-tu bonne chère ?

Me JACQUES.

Oui, si vous me donnez bien de l'argent.

HARPAGON.

Que diable ! toujours de l'argent ! Il semble qu'ils n'aient rien autre chose à dire ; de l'argent ! de l'argent ! de l'argent ! Ah ! ils n'ont que ce mot à la bouche, de l'argent ! Toujours parler d'argent ! Voilà leur épée de chevet, de l'argent !

VALÈRE.

Je n'ai jamais vu de réponse plus impertinente que celle-là. Voilà une belle merveille que de faire bonne chère avec bien de l'argent ! c'est une chose la plus aisée du monde, et il n'y a si pauvre esprit qui n'en fît bien autant. Mais pour agir en habile homme, il faut parler de faire bonne chère avec peu d'argent.

ME JACQUES.

Bonne chère avec peu d'argent !

VALÈRE.

Oui.

ME JACQUES, *à Valère*.

Par ma foi, monsieur l'intendant, vous nous obligerez de nous faire voir ce secret, et de prendre mon office de cuisinier : aussi bien vous mêlez-vous céans d'être le factotum.

HARPAGON.

Taisez-vous. Qu'est-ce qu'il nous faudra ?

ME JACQUES.

Voilà monsieur votre intendant qui vous fera bonne chère pour peu d'argent.

HARPAGON.

Ah ! je veux que tu me répondes.

ME JACQUES.

Combien serez-vous de gens à table ?

HARPAGON.

Nous serons huit ou dix ; mais il ne faut prendre que huit. Quand il y a à manger pour huit, il y en a bien pour dix.

VALÈRE.

Cela s'entend.

Me JACQUES.

Hé bien ! il faudra quatre grands potages et cinq assiettes... Potages... Entrées...

HARPAGON.

Que diable ! voilà pour traiter une ville tout entière.

Me JACQUES.

Rôt...

HARPAGON, *mettant la main sur la bouche de maître Jacques.*

Ah ! traître, tu manges tout mon bien.

Me JACQUES.

Entremets...

HARPAGON, *mettant encore la main sur la bouche de maître Jacques.*

Encore !

VALÈRE, *à maître Jacques.*

Est-ce que vous avez envie de faire crever tout le monde ? et monsieur a-t-il invité des gens pour les assassiner à force de mangeaille ? Allez-vous-en lire un peu les préceptes de la santé, et demander aux médecins s'il y a rien de plus préjudiciable à l'homme que de manger avec excès.

HARPAGON.

Il a raison.

VALÈRE.

Apprenez, maître Jacques, vous et vos pareils, que c'est un coupe-gorge qu'une table remplie de trop de viandes ; que, pour se bien montrer ami de ceux que l'on invite, il faut que la frugalité règne dans les repas qu'on donne, et que, suivant le dire d'un ancien, *il faut manger pour vivre, et non pas vivre pour manger.*

HARPAGON.

Ah, que cela est bien dit ! approche, que je t'embrasse pour ce mot. Voilà la plus belle sentence que j'aie entendu de ma vie : *il faut vivre pour manger, et non pas manger pour vi...* Non, ce n'est pas cela. Comment est-ce que tu dis ?

VALÈRE.

Qu'*il faut manger pour vivre, et non pas vivre pour manger.*

HARPAGON.

(à maître Jacques) Oui. Entends-tu ? *(à Valère)* Qui est le grand homme qui a dit cela ?

VALÈRE.

Je ne me souviens pas maintenant de son nom.

HARPAGON.

Souviens-toi de m'écrire ces mots : je les veux faire graver en lettres d'or sur la cheminée de ma salle.

VALÈRE.

Je n'y manquerai pas : et pour votre souper,

vous n'avez qu'à me laisser faire, je règlerai tout cela comme il faut.

HARPAGON.

Fais donc.

Me JACQUES.

Tant mieux, j'en aurai moins de peine.

HARPAGON, *à Valère.*

Il faudra de ces choses dont on ne mange guère, et qui rassasient d'abord ; quelque bon haricot bien gras, avec quelque pâté en pot bien garni de marrons.

VALÈRE.

Reposez-vous sur moi.

HARPAGON.

Maintenant, maître Jacques, il faut nettoyer mon carrosse.

Me JACQUES.

Attendez. Ceci s'adresse au cocher.
 (*Maître Jacques remet sa casaque.*)
Vous dites...?

HARPAGON.

Qu'il faut nettoyer mon carrosse, et tenir mes chevaux tout prêts pour conduire à la foire...

Me JACQUES.

Vos chevaux, monsieur ! Ma foi, ils ne sont point du tout en état de marcher. Je ne vous dirai point qu'ils sont sur la litière, les pauvres bêtes n'en ont point ; et ce serait mal parler : mais vous leur faites observer des jeûnes si austères, que ce ne sont plus rien que des idées ou des fantômes, des façons de chevaux.

HARPAGON.

Les voilà bien malades ! ils ne font rien.

Me JACQUES.

Et pour ne faire rien, monsieur, est-ce qu'il ne faut rien manger ? Il leur vaudrait bien mieux, les pauvres animaux, de travailler beaucoup, de manger de même. Cela me fend le cœur, de les voir ainsi exténués ; car enfin j'ai une tendresse pour mes chevaux, qu'il me semble que c'est moi-même, quand je les vois pâtir ; je m'ôte tous les jours pour eux les choses de la bouche ; et c'est être, monsieur, d'un naturel trop dur, que de n'avoir nulle pitié de son prochain.

HARPAGON.

Le travail ne sera pas grand d'aller jusqu'à la foire.

Me JACQUES.

Non, monsieur, je n'ai point le courage de les mener, et je ferais conscience de leur donner des coups de fouet en l'état où ils sont. Comment voudriez-vous qu'ils traînassent un carrosse ? ils ne peuvent pas se traîner eux-mêmes.

VALÈRE.

Monsieur, j'obligerai le voisin le Picard à se charger de les conduire ; aussi bien nous fera-t-il ici besoin pour apprêter le souper.

Me JACQUES.

Soit. J'aime mieux encore qu'ils meurent sous la main d'un autre que sous la mienne.

VALÈRE.

Maître Jacques fait bien le raisonnable.

Me JACQUES.

Monsieur l'intendant fait bien le nécessaire.

HARPAGON.

Paix.

Me JACQUES.

Monsieur, je ne saurais souffrir les flatteurs ; et je vois que ce qu'il en fait, que ses contrôles perpétuels sur le pain et le vin, le bois, le sel et la chandelle, ne sont rien que pour vous gratter, et vous faire sa cour. J'enrage de cela, et je suis fâché tous les jours d'entendre ce qu'on dit de vous : car enfin je me sens pour vous de la tendresse, en dépit que j'en aie ; et, après mes chevaux, vous êtes la personne que j'aime le plus.

HARPAGON.

Pourrais-je savoir de vous, maître Jacques, ce que l'on dit de moi ?

Me JACQUES.

Oui, monsieur, si j'étais assuré que cela ne vous fâchât point.

HARPAGON.

Non, en aucune façon.

Me JACQUES.

Pardonnez-moi ; je sais fort bien que je vous mettrais en colère.

HARPAGON.

Point du tout ; au contraire, c'est me faire plaisir, et je suis bien aise d'apprendre comme on parle de moi.

Me JACQUES.

Monsieur, puisque vous le voulez, je vous dirai franchement qu'on se moque partout de vous, qu'on nous jette de tous côtés cent brocards à votre sujet, et que l'on n'est point plus ravi que de vous tenir au cul et aux chausses, et de faire sans cesse des contes de votre lésine. L'un dit que vous faites imprimer des almanachs particuliers, où vous faites doubler les quatre-temps et les vigiles, afin de profiter des jeûnes où vous obligez votre monde ; l'autre, que vous avez toujours une querelle toute prête à faire à vos valets dans le temps des étrennes, ou à leur sortie d'avec vous, pour vous trouver une raison de ne leur donner rien ; celui-là conte qu'une fois vous fîtes assigner le chat d'un de vos voisins, pour vous avoir mangé un reste de gigot de mouton ; celui-ci, que l'on vous surprit une nuit en venant dérober vous-même l'avoine de vos chevaux, et que votre cocher, qui était celui d'avant moi, vous donna dans l'obscurité je ne sais combien de coups de bâton, dont vous ne voulûtes rien dire. Enfin, voulez-vous que je vous dise? on ne saurait aller nulle part où l'on ne vous entende accommoder de toutes pièces : vous êtes la fable et la risée de tout le monde ; et jamais on ne parle de vous que sous les noms d'avare, de ladre, de vilain, et de fesse-Matthieu.

HARPAGON, *en battant maître Jacques.*

Vous êtes un sot, un maraud, un coquin et un impudent.

Me JACQUES.

Hé bien ! ne l'avais-je pas deviné? Vous ne m'avez pas voulu croire. Je vous avais bien dit que je vous fâcherais de vous dire la vérité.

HARPAGON.

Apprenez à parler.

SCÈNE IV.

VALÈRE, Maitre JACQUES.

VALÈRE, *riant.*

A ce que je puis voir, maître Jacques, on paie mal votre franchise.

Me JACQUES.

Morbleu ! monsieur le nouveau venu, qui faites l'homme d'importance, ce n'est pas votre affaire. Riez de vos coups de bâton quand on vous en donnera, et ne venez point rire des miens.

VALÈRE.

Ah ! monsieur maître Jacques, ne vous fâchez pas, je vous prie.

Me JACQUES, *à part.*

Il file doux. Je veux faire le brave, et s'il est assez sot pour me craindre, le frotter quelque peu. *(haut.)* Savez-vous bien, monsieur le rieur, que je ne ris pas, moi, et que si vous m'échauffez la tête, je vous ferai rire d'une autre sorte ?

(Maître Jacques pousse Valère jusqu'au bout du théâtre en le menaçant.)

VALÈRE.

Hé ! doucement.

Me JACQUES.

Comment, doucement ! Il ne me plaît pas moi.

VALÈRE.

De grace.

Me JACQUES.

Vous êtes un impertinent.

VALÈRE.

Monsieur maître Jacques.

Me JACQUES.

Il n'y a point de monsieur maître Jacques pour un double. Si je prends un bâton, je vous rosserai d'importance.

VALÈRE.

Comment ! un bâton !

(Valère fait reculer maître Jacques à son tour.)
Me JACQUES.
Hé ! je ne parle pas de cela.
VALÈRE.
Savez-vous bien, monsieur le fat, que je suis homme à vous rosser vous-même !
Me JACQUES.
Je n'en doute pas.
VALÈRE.
Que vous n'êtes, pour tout potage, qu'un faquin de cuisinier ?
Me JACQUES.
Je le sais bien.
VALÈRE.
Et que vous ne me connaissez pas encore ?
Me JACQUES.
Pardonnez-moi.
VALÈRE.
Vous me rosserez, dites-vous ?
Me JACQUES.
Je le disais en raillant.
VALÈRE.
Et moi je ne prends point de goût à votre raillerie. *(donnant des coups de bâton à maître Jacques.)* Apprenez que vous êtes un mauvais railleur.

Mᵉ JACQUES, *seul.*

Peste soit la sincérité ! c'est un mauvais métier : désormais j'y renonce, et je ne veux plus dire vrai. Passe encore pour mon maître, il a quelque droit de me battre ; mais pour ce monsieur l'intendant, je m'en vengerai si je puis.

SCÈNE V.

HARPAGON, CLÉANTE, VALÈRE, BRINDAVOINE.

BRINDAVOINE.

Monsieur, il y a là un homme qui veut vous parler.

HARPAGON.

Dis-lui que je suis empêché, et qu'il revienne une autre fois.

BRINDAVOINE.

Il dit qu'il vous apporte de l'argent.

HARPAGON.

Je reviens tout à l'heure.

SCÈNE VI.

HARPAGON, CLÉANTE, VALÈRE, LA MERLUCHE.

LA MERLUCHE, *courant et faisant tomber Harpagon.*
Monsieur...

HARPAGON.

Ah ! je suis mort.

CLÉANTE.

Qu'est-ce, mon père ? Vous êtes-vous fait mal ?

HARPAGON.

Le traître assurément a reçu de l'argent de mes débiteurs pour me faire rompre le cou.

VALÈRE, *à Harpagon.*

Cela ne sera rien.

LA MERLUCHE, *à Harpagon.*

Monsieur, je vous demande pardon ; je croyais bien faire d'accourir vite.

HARPAGON.

Que viens-tu faire ici, bourreau ?

LA MERLUCHE.

Vous dire que vos deux chevaux sont déferrés.

HARPAGON.

Qu'on les mène promptement chez le maréchal.

CLÉANTE.

En attendant qu'ils soient ferrés, je vais faire pour vous, mon père, les honneurs de votre logis, et conduire madame dans le jardin, où je ferai porter la collation.

SCÈNE VII.

HARPAGON, VALÈRE.

HARPAGON.

Valère, aie un peu l'œil à tout cela ; et prends soin, je te prie, de m'en sauver le plus que tu pourras pour le renvoyer au marchand.

VALÈRE.

C'est assez.

HARPAGON, *seul.*

O fils impertinent, as-tu envie de me ruiner ?

FIN DU TROISIÈME ACTE.

ACTE QUATRIÈME.
SCÈNE I.

HARPAGON, CLÉANTE.

HARPAGON.

Le carrosse est prêt, ces dames pourront partir quand il leur plaira.

CLÉANTE.

Puisque vous n'y allez pas, mon père, je m'en vais les conduire.

HARPAGON.

Non, demeurez ; elles iront bien toutes seules, et j'ai besoin de vous. Attendez-moi un instant. *(Bas.)* Je vais faire un tour à mon argent.

SCÈNE II.

CLÉANTE, LA FLÈCHE.

LA FLÈCHE, *entrant du côté opposé à celui par où Harpagon est sorti, et portant une cassette.*

Ah ! monsieur, que je vous trouve à propos ! suivez-moi vite.

CLÉANTE.

Qu'y a-t-il !

LA FLÈCHE.

Suivez-moi, vous-dis-je ; nous sommes bien.

CLÉANTE.

Comment ?

LA FLÈCHE.

Voici votre affaire.

CLÉANTE.

Quoi ?

LA FLÈCHE.

J'ai guigné ceci tout le jour.

CLÉANTE.

Qu'est-ce que c'est ?

LA FLÈCHE.

Le trésor de votre père, que j'ai attrapé.

CLÉANTE.

Comment as-tu fait ?

LA FLÈCHE.

Vous saurez tout. Sauvons-nous. Je l'entends crier.

SCÈNE III.

HARPAGON, *criant au voleur dès le jardin.*

Au voleur ! au voleur ! à l'assassin ! au meurtrier ! Justice, juste ciel ! Je suis perdu, je suis assassiné ; on m'a dérobé mon argent. Qui peut-ce être ? Qu'est-il devenu ? Où est-il ? Où se cache-t-il ? Que ferai-je pour le trouver ? Où courir ? Où ne pas courir ? N'est-il point là ? N'est-il point ici ? Qui est-ce ? Arrête. *(à lui-même se prenant par le bras)* Rends-moi mon argent, coquin... Ah ! c'est moi... Mon esprit est troublé, et j'ignore où je suis, qui je suis, et ce que je fais. Hélas ! mon pauvre argent, mon pauvre argent, mon cher ami, on m'a privé de toi ! et, puisque tu m'es enlevé, j'ai perdu mon support, ma consolation, ma joie ; tout est fini pour moi, et je n'ai plus que faire au monde ! Sans toi il m'est impossible de vivre. C'en est fait ; je n'en puis plus, je me meurs, je suis mort, je suis enterré. N'y a-t-il personne qui veuille me ressusciter en me rendant mon cher argent ; ou en m'apprenant qui l'a pris ? Hé ! que dites-vous ? Ce n'est personne. Il faut, qui que ce soit qui ait fait le coup, qu'avec beaucoup de soin on ait épié l'heure ; et l'on a choisi justement le temps que je parlais à mon traître de fils. Sortons. Je veux aller quérir la justice, et faire donner la question à toute ma maison, à servantes, à valets, à fils, à fille, et à moi aussi. Que de gens assemblés ! Je ne jette mes regards sur personne qui ne me donne des soupçons, et tout me semble mon voleur. Hé ! de quoi est-ce qu'on parle là ? de celui qui m'a dérobé ? Quel bruit fait-on là-haut ? est-ce mon voleur qui y est ? De grâce, si l'on sait des nouvelles de mon voleur, je supplie que l'on m'en dise. N'est-il point caché là parmi vous ? Ils me regardent tous, et se mettent à rire. Vous verrez qu'ils ont part, sans doute, au vol que l'on m'a fait. Allons vite, des commissaires, des archers, des prévôts, des juges, des gênes, des potences et des bourreaux. Je veux faire pendre tout le monde ; et si je ne retrouve mon argent, je me pendrai moi-même après.

FIN DU QUATRIÈME ACTE.

ACTE CINQUIÈME.
SCÈNE I.

HARPAGON, UN COMMISSAIRE.

LE COMMISSAIRE.

Laissez-moi faire, je sais mon métier, dieu merci. Ce n'est pas d'aujourd'hui que je me mêle de découvrir des vols ; et je voudrais avoir autant de sacs de mille francs que j'ai fait pendre de personnes.

HARPAGON.

Tous les magistrats sont intéressés à prendre cette affaire en main ; et si l'on ne me fait retrouver mon argent, je demanderai justice de la justice.

LE COMMISSAIRE.

Il faut faire toutes les poursuites requises. Vous dites qu'il y avait dans cette cassette...

HARPAGON.

Dix mille écus bien comptés.

LE COMMISSAIRE.

Dix mille écus !

HARPAGON.

Dix mille écus.

LE COMMISSAIRE.

Le vol est considérable.

L'Avare.

HARPAGON.

Il n'y a point de supplice assez grand pour l'énormité de ce crime ; et, s'il demeure impuni, les choses les plus sacrées ne sont plus en sûreté.

LE COMMISSAIRE.

En quelles espèces était cette somme ?

HARPAGON.

En bons louis d'or et pistoles bien trébuchantes.

LE COMMISSAIRE.

Qui soupçonnez-vous de ce vol ?

HARPAGON.

Tout le monde ; et je veux que vous arrêtiez prisonniers la ville et les faubourgs.

LE COMMISSAIRE.

Il faut, si vous m'en croyez, n'effaroucher personne, et tâcher doucement d'attraper quelques preuves, afin de procéder après, par la rigueur, au recouvrement des deniers qui vous ont été pris.

SCÈNE II.

HARPAGON, LE COMMISSAIRE, MAITRE JACQUES.

MC JACQUES, *dans le fond du théâtre, en se retournant du côté par lequel il est entré.*

Je m'en vais revenir : qu'on me l'égorge tout à

l'heure ; qu'on me lui fasse griller les pieds ; qu'on me le mette dans l'eau bouillante ; et qu'on me le pende au plancher.

HARPAGON, *à maître Jacques.*

Qui ? celui qui m'a dérobé ?

Me JACQUES.

Je parle d'un cochon de lait que votre intendant me vient d'envoyer, et je veux vous l'accommoder à ma fantaisie.

HARPAGON.

Il n'est pas question de cela, et voilà monsieur à qui il faut parler d'autre chose.

LE COMMISSAIRE, *à Maître Jacques.*

Ne vous épouvantez point : je suis homme à ne vous point scandaliser, et les choses iront dans la douceur.

Me JACQUES.

Monsieur est de votre souper ?

LE COMMISSAIRE.

Il faut ici, mon cher ami, ne rien cacher à votre maître.

Me JACQUES.

Ma foi, monsieur, je montrerai tout ce que je sais faire, et je vous traiterai du mieux qu'il me sera possible.

HARPAGON.

Ce n'est pas là l'affaire.

Me JACQUES.

Si je ne vous fais pas aussi bonne chère que je

voudrais, c'est la faute de monsieur votre intendant, qui m'a rogné les ailes avec les ciseaux de son économie.

HARPAGON.

Traître ! il s'agit d'autre chose que de souper ; et je veux que tu me dises des nouvelles de l'argent qu'on m'a pris.

Me JACQUES.

On vous a pris de l'argent ?

HARPAGON.

Oui, coquin ; et je m'en vais te faire pendre si tu ne me le rends.

LE COMMISSAIRE, *à Harpagon.*

Mon dieu ! ne le maltraitez point. Je vois à sa mine qu'il est honnête homme, et que, sans se faire mettre en prison, il vous découvrira ce que vous voulez savoir. Oui, mon ami, si vous nous confessez la chose, il ne vous sera fait aucun mal, et vous serez récompensé comme il faut par votre maître. On lui a pris aujourd'hui son argent, et il n'est pas que vous ne sachiez quelque nouvelle de cette affaire.

Me JACQUES, *bas, à part.*

Voici justement ce qu'il me faut pour me venger de notre intendant. Depuis qu'il est entré céans, il est le favori ; on n'écoute que ses conseils ; et j'ai aussi sur le cœur les coups de bâton de tantôt.

HARPAGON.

Qu'as-tu à ruminer ?

LE COMMISSAIRE, *à Harpagon.*

Laissez-le faire, il se prépare à vous contenter ; et je vous ai bien dit qu'il était honnête homme.

Me JACQUES.

Monsieur, si vous voulez que je vous dise les choses, je crois que c'est monsieur votre cher intendant qui a fait le coup.

HARPAGON.

Valère ?

Me JACQUES.

Oui.

HARPAGON,

Lui, qui me paraît si fidèle ?

Me JACQUES.

Lui-même. Je crois que c'est lui qui vous a dérobé.

HARPAGON.

Et sur quoi le crois-tu ?

Me JACQUES.

Sur quoi ?

HARPAGON.

Oui.

Me JACQUES.

Je le crois... sur ce que je le crois.

LE COMMISSAIRE.

Mais il es nécessaire de dire les indices que vous avez.

HARPAGON.

L'as-tu vu roder autour du lieu où j'avais mis mon argent ?

Me JACQUES.

Oui, vraiment. Où était-il, votre argent ?

HARPAGON.

Dans le jardin.

Me JACQUES.

Justement. Je l'ai vu roder dans le jardin. Et dans quoi est-ce que cet argent était ?

HARPAGON.

Dans une cassette.

Me JACQUES.

Voilà l'affaire. Je lui ai vu une cassette.

HARPAGON.

Et cette cassette, comment est-elle faite ? Je verrai bien si c'est la mienne.

Me JACQUES.

Comment elle est faite ?

HARPAGON.

Oui.

Me JACQUES.

Elle est faite... Elle est faite comme une cassette.

LE COMMISSAIRE.

Cela s'entend. Mais dépeignez-la un peu, pour oir.

Me JACQUES.

C'est une grande cassette...

HARPAGON.

Celle qu'on m'a volée est petite.

Me JACQUES.

Hé oui, elle est petite, si on le veut prendre par là ; mais je l'appelle grande pour ce qu'elle contient.

LE COMMISSAIRE.

Et de quelle couleur est-elle ?

Me JACQUES.

De quelle couleur ?

LE COMMISSAIRE.

Oui.

Me JACQUES.

Elle est de couleur... là, d'une certaine couleur... Ne sauriez-vous m'aider à dire ?

HARPAGON.

Hé ?

Me JACQUES.

N'est-elle pas rouge ?

HARPAGON.

Non, grise.

Me JACQUES.

Hé, oui, gris-rouge, c'est ce que je voulais dire.

HARPAGON.

Il n'y a pas de doute, c'est elle assurement.

Écrivez, monsieur, écrivez sa déposition. Ciel ! à qui désormais se fier ? il ne faut plus jurer de rien ; et je crois, après cela, que je suis homme à me voler moi-même.

ME JACQUES, à *Harpagon*.

Monsieur, le voici qui revient. Ne lui allez pas dire au moins que c'est moi qui vous ai découvert cela.

SCÈNE III.

HARPAGON, LE COMMISSAIRE, VALÈRE, MAITRE JACQUES.

HARPAGON.

Approche, viens confesser l'action la plus noire, l'attentat le plus horrible qui jamais ait été commis.

VALÈRE.

Que voulez-vous, monsieur ?

HARPAGON.

Comment, traître ! tu ne rougis pas de ton crime !

VALÈRE.

De quel crime voulez-vous donc parler ?

HARPAGON.

De quel crime je veux parler, infâme ! comme si tu ne savais pas ce que je veux dire ! C'est en vain que tu prétendrais de le déguiser : l'affaire est découverte, et l'on vient de m'apprendre tout. Comment ! abuser ainsi de ma bonté, et s'introduire exprès chez moi pour me trahir, pour me jouer un tour de cette nature !

VALÈRE.

Monsieur, puisqu'on vous a découvert tout, je ne veux point chercher de détours, et vous nier la chose.

ME JACQUES, *à part*.

Oh ! oh ! aurais-je deviné sans y penser !

VALÈRE.

C'était mon dessein de vous en parler, et je voulais attendre pour cela des conjonctures favorables ; mais puisqu'il est ainsi, je vous conjure de ne vous point fâcher, et de vouloir entendre mes raisons.

HARPAGON.

Et quelles belles raisons peux-tu me donner, voleur, infâme ?

VALÈRE.

Ah ! monsieur, je n'ai pas mérité ces noms. Il est vrai que j'ai commis une offense envers vous ; mais, après tout, ma faute est pardonnable.

HARPAGON.

Comment, pardonnable ! un guet-à-pens, un assassinat de la sorte !

VALÈRE.

De grâce, ne vous mettez point en colère. Quand

vous m'aurez ouï, vous verrez que le mal n'est pas si grand que vous le faites.

HARPAGON.

Le mal n'est pas si grand que je le fais ! Quoi ! mon sang, mes entrailles, pendard !

VALÈRE.

Votre sang, monsieur, n'est pas tombé dans de mauvaises mains. Je suis d'une condition à ne lui point faire de tort ; et il n'y a rien en tout ceci que je ne puisse bien réparer.

HARPAGON.

C'est bien mon intention, et que tu me restitues ce que tu m'as ravi.

VALÈRE.

Votre honneur, monsieur, sera pleinement satisfait.

HARPAGON.

Il n'est pas question d'honneur là-dedans. Mais, dis-moi, qui t'a porté à cette action ?

VALÈRE.

Hélas ! me le demandez-vous ?

HARPAGON.

Oui, vraiment, je te le demande.

VALÈRE.

L'amour.

HARPAGON.

Bel amour ! bel amour, ma foi ! l'amour de mes louis d'or !

VALÈRE.

Non, monsieur, ce ne sont point vos richesses qui m'ont tenté, ce n'est pas cela qui m'a ébloui ; et je proteste de ne prétendre rien à tous vos biens, pourvu que vous me laissiez celui que j'ai.

HARPAGON.

Non ferai, de par tous les diables ; je ne te le laisserai pas. Mais voyez quelle insolence, de vouloir retenir le vol qu'il m'a fait !

VALÈRE.

Appelez-vous cela un vol ?

HARPAGON.

Si je l'appelle un vol ! un trésor comme celui-là !

VALÈRE.

C'est un trésor, il est vrai, et le plus précieux que vous ayez sans doute ; mais ce ne sera pas le perdre que de me le laisser. Je vous le demande à genoux, ce trésor plein de charmes ; et pour bien faire il faut que vous me l'accordiez.

HARPAGON.

Je n'en ferai rien. Qu'est-ce à dire, cela ?

VALÈRE.

Nous nous sommes promis une foi mutuelle, et avons fait serment de ne nous point abandonner.

HARPAGON.

Le serment est admirable, et la promesse plaisante !

VALÈRE.

Oui, nous nous sommes engagés d'être l'un à l'autre à jamais.

HARPAGON.

Je vous en empêcherai bien, je vous assure.

VALÈRE.

Rien que la mort ne nous peut séparer.

HARPAGON.

C'est être bien endiablé après mon argent !

VALÈRE.

Je vous ai déjà dit, monsieur, que ce n'était point l'intérêt qui m'avait poussé à faire ce que j'ai fait. Mon cœur n'a point agi par les ressorts que vous pensez, et un motif plus noble m'a inspiré ma résolution.

HARPAGON.

Vous verrez que c'est par charité chrétienne qu'il veut avoir mon bien. Mais j'y donnerai bon ordre ; et la justice, pendard effronté, me va faire raison de tout.

VALÈRE.

Vous en userez comme vous voudrez, et me voilà prêt à souffrir toutes les violences qu'il vous plaira : mais je vous prie de croire au moins que, s'il y a du mal, ce n'est que moi qu'il en faut accuser, et que votre fille, en tout ceci, n'est aucunement coupable.

HARPAGON.

Je le crois bien, vraiment : il serait fort étrange que ma fille eût trempé dans ce crime. Mais je veux ravoir mon affaire, et que tu me confesses en quel endroit tu me l'as enlevée.

VALÈRE.

Moi ? je ne l'ai point enlevée ; et elle est encore chez vous.

HARPAGON, *à part.*

O ma chère cassette ! *(haut.)* Elle n'est point sortie de ma maison !

VALÈRE.

Non, monsieur.

HARPAGON.

Hé ! dis-moi un peu ; tu n'y as point touché ?

VALÈRE.

Moi, y toucher ! Ah ! vous lui faites tort, aussi bien qu'à moi ; et c'est d'une ardeur toute pure et respectueuse que j'ai brûlé pour elle.

HARPAGON, *à part.*

Brûlé pour ma cassette !

VALÈRE.

J'aimerais mieux mourir que de lui avoir fait

paraître aucune pensée offensante; elle est trop sage et trop honnête pour cela.

HARPAGON, *à part.*

Ma cassette trop honnête !

VALÈRE.

Rien de criminel n'a profané la passion que ses beaux yeux m'ont inspirée.

HARPAGON, *à part.*

Les beaux yeux de ma cassette !

VALÈRE.

Dame Claude, monsieur, sait la vérité de cette aventure ; et elle vous peut rendre témoignage...

HARPAGON.

Quoi ! ma servante est complice de l'affaire ?

VALÈRE.

Oui, monsieur, elle a été témoin de notre engagement. Votre fille...

HARPAGON.

Hé ! *(à part)* Est-ce que la peur de la justice le fait extravaguer? *(à Valère)* Que nous brouilles-tu ici de ma fille ?

VALÈRE.

Je dis, monsieur, que j'ai eu toutes les peines du monde à la faire consentir à nous signer mutuellement une promesse de mariage.

HARPAGON.

Ma fille t'a signé une promesse de mariage ?

VALÈRE.

Oui, monsieur, comme de ma part je lui en ai signé une.

HARPAGON.

O ciel ! autre disgrâce !

Me JACQUES, *au commissaire*.

Écrivez, monsieur, écrivez.

HARPAGON.

Rengrègement de mal ! surcroît de désespoir ! (*au commissaire*) Allons, monsieur, faites le dû de votre charge, et dressez-lui-moi son procès comme larron et comme suborneur.

Me JACQUES.

Comme larron et comme suborneur.

VALÈRE.

Ce sont des noms qui ne me sont point dûs ; et quand on saura qui je suis...

SCÈNE VI.

ANSELME, HARPAGON, VALÈRE,
LE COMMISSAIRE, Maitre JACQUES.

ANSELME.

Qu'est-ce, seigneur Harpagon ? je vous vois tout ému.

HARPAGON.

Ah ! seigneur Anselme, vous me voyez le plus infortuné de tous les hommes, et voici bien du trouble et du désordre au contrat que vous venez faire. On m'assassine dans le bien, on m'assassine dans l'honneur ; et voilà un traître, un scélérat qui a violé tous les droits les plus saints, qui s'est coulé chez moi, sous le titre de domestique, pour me dérober mon argent, et pour me suborner ma fille.

VALÈRE.

Qui songe à votre argent, dont vous me faites un galimatias ?

HARPAGON.

Oui, ils se sont donnés l'un à l'autre une promesse de mariage. Cet affront vous regarde, seigneur Anselme ; et c'est vous qui devez vous rendre partie contre lui, et faire à vos dépens toutes les poursuites de la justice, pour vous venger de son insolence.

ANSELME.

Ce n'est pas mon dessein de me faire épouser par force ; mais pour vos intérêts, je suis prêt à les embrasser ainsi que les miens propres.

HARPAGON.

Voilà monsieur, qui est un honnête commissaire, qui n'oubliera rien, à ce qu'il m'a dit, de la fonction de son office. *(au commissaire, montrant Valère.)* Chargez-le comme il faut, monsieur, et rendez les choses bien criminelles.

VALÈRE.

Je ne vois pas quel crime on me peut faire de la passion que j'ai pour votre fille, et le supplice où vous croyez que je puisse être condamné pour notre engagement, lorsqu'on saura ce que je suis.

HARPAGON.

Je me moque de tous ces contes ; et le monde aujourd'hui n'est plein que de ces larrons de noblesse, que de ces imposteurs qui tirent avantage de leur obscurité, et s'habillent insolemment du premier nom illustre qu'ils s'avisent de prendre.

VALÈRE.

Sachez que j'ai le cœur trop bon pour me parer de quelque chose qui ne soit point à moi, et que tout Naples peut rendre témoignage de ma naissance.

ANSELME.

Tout beau ! prenez garde à ce que vous allez dire. Vous risquez ici plus que vous ne pensez ; et vous parlez devant un homme à qui tout Naples est connu, et qui peut aisément voir clair dans l'histoire que vous ferez.

VALÈRE.

Je ne suis point homme à rien craindre ; et si Naples vous est connu, vous savez qui était don Thomas d'Alburci.

ANSELME.

Sans doute, je le sais ; et peu de gens l'ont connu mieux que moi.

HARPAGON.

Je ne me soucie ni de don Thomas, ni de don Martin.

(*Harpagon voyant deux chandelles allumées en souffle une.*)

ANSELME.

De grâce, laissez-le parler ; nous verrons ce qu'il en veut dire.

VALÈRE.

Je veux dire que c'est lui qui m'a donné le jour.

ANSELME.

Lui ?

VALÈRE.

Oui.

ANSELME.

Allez, vous vous moquez. Cherchez quelque autre histoire qui vous puisse mieux réussir ; et ne prétendez pas vous sauver par cette imposture.

VALÈRE.

Songez à mieux parler. Ce n'est point une imposture, et je n'avance rien qu'il ne me soit aisé de justifier.

ANSELME.

Quoi ? vous osez vous dire fils de don Thomas d'Alburci ?

VALÈRE.

Oui, je l'ose, et je suis prêt de soutenir cette vérité contre qui que ce soit.

ANSELME.

L'audace est merveilleuse ! Apprenez, pour vous confondre, qu'il y a seize ans pour le moins que l'homme dont vous nous parlez périt sur mer avec ses enfants et sa femme, en voulant dérober leur vie aux cruelles persécutions qui ont accompagné les désordres de Naples, et qui en firent exiler plusieurs nobles familles.

VALÈRE.

Oui. Mais apprenez, pour vous confondre, vous, que son fils, âgé de sept ans, avec un domestique, fut sauvé de ce naufrage par un vaisseau espagnol, et que ce fils sauvé est celui qui vous parle. Apprenez que le capitaine de ce vaisseau, touché de ma fortune, prit amitié pour moi ; qu'il me fit élever comme son propre fils ; et que les armes furent mon emploi dès que je m'en trouvai capable ; que j'ai su depuis peu que mon père n'était point mort, comme je l'avais toujours cru ; que, passant ici pour l'aller chercher, une aventure par le ciel concertée me fit voir la charmante Élise ; que cette vue et les sévérités de son père me firent prendre la résolution de m'introduire dans son logis, et d'envoyer un autre à la quête de mes parents.

ANSELME.

Mais quels témoignages encore, autres que vos paroles, nous peuvent assurer que ce ne soit point une fable que vous avez bâtie sur une vérité ?

VALÈRE.

Le capitaine espagnol, un cachet de rubis qui était à mon père, un bracelet d'agate que ma mère m'avait mis au bras, le vieux Pédro, ce domestique qui se sauva avec moi du naufrage.

ANSELME.

O ciel, quels sont les traits de ta puissance! et que tu fais bien voir qu'il n'appartient qu'à toi de faire des miracles ! Embrasse-moi, mon fils.

VALÈRE.

Vous êtes mon père ?

ANSELME.

Oui, mon fils, je suis don Thomas d'Alburci, que le ciel garantit des ondes avec tout l'argent qu'il portait, et qui, vous ayant tous cru morts durant plus de seize ans, se préparait, après de longs voyages, à chercher dans l'hymen d'une douce et sage personne la consolation de quelque nouvelle famille. Le peu de sûreté que j'ai vu pour ma vie à retourner à Naples m'a fait y renoncer pour toujours ; et ayant sû trouver moyen d'y faire vendre ce que j'avais, je me suis habitué ici, où, sous le nom d'Anselme, j'ai voulu m'éloigner les chagrins de cet autre nom qui m'a causé tant de traverses.

HARPAGON, *à Anselme.*

C'est là votre fils ?

ANSELME.

Oui.

HARPAGON.

Je vous prends à partie pour me payer dix mille écus qu'il m'a volés.

ANSELME.

Lui, vous avoir volé !

HARPAGON.

Lui-même.

VALÈRE.

Qui vous dit cela ?

HARPAGON.

Maître Jacques.

VALÈRE, *à maître Jacques*.

C'est toi qui le dis ?

ME JACQUES.

Vous voyez que je ne dis rien.

HARPAGON.

Oui, voilà monsieur le commissaire qui a reçu sa déposition.

VALÈRE.

Pouvez-vous me croire capable d'une action si lâche ?

HARPAGON.

Capable ou non capable, je veux ravoir mon argent.

SCÈNE V.

HARPAGON, ANSELME, CLÉANTE, VALÈRE, LE COMMISSAIRE, Maître JACQUES.

CLÉANTE.

Ne vous tourmentez point, mon père, et n'accusez personne. J'ai découvert des nouvelles de votre affaire ; et je viens ici pour vous dire que, si vous voulez vous résoudre à me laisser épouser Marianne, votre argent vous sera rendu.

HARPAGON.

Où est-il ?

CLÉANTE.

Ne vous en mettez point en peine, il est en lieu dont je réponds, et tout ne dépend que de moi : c'est à vous de me dire à quoi vous vous déterminez ; et vous pouvez choisir, ou de me donner Marianne, ou de perdre votre cassette.

HARPAGON.

N'en a-t-on rien ôté ?

CLÉANTE.

Rien du tout. Voyez si c'est votre dessein de souscrire à ce mariage, et de joindre votre consentement à celui de sa mère, qui lui laisse la liberté de faire un choix entre nous deux.

ANSELME.

Vous aurez aussi le mien ; le ciel ne me redonne

pas à mes enfants pour être contraire à leurs vœux. Seigneur Harpagon, vous jugez bien que le choix d'une jeune personne tombera sur le fils plutôt que sur le père. Allons ne vous faites point dire ce qu'il n'est pas nécessaire d'entendre ; et consentez, ainsi que moi, à ce double hyménée.

HARPAGON.

Il faut pour me donner conseil que je voie ma cassette.

CLÉANTE.

Vous la verrez saine et entière.

HARPAGON.

Je n'ai point d'argent à donner en mariage à mes enfants.

ANSELME.

Hé bien, j'en ai pour eux ; que cela ne vous inquiète point.

HARPAGON.

Vous obligerez-vous à faire tous les frais de ces deux mariages ?

ANSELME.

Oui, je m'y oblige. Êtes-vous satisfait ?

HARPAGON.

Oui, pourvu que pour les noces vous me fassiez faire un habit.

ANSELME.

D'accord. Allons jouir de l'allégresse que cet heureux jour nous présente.

LE COMMISSAIRE.

Holà, messieurs, holà. Tout doucement, s'il vous plaît. Qui me paiera mes écritures ?

HARPAGON.

Nous n'avons que faire de vos écritures.

LE COMMISSAIRE.

Oui ; mais je ne prétends pas, moi, les avoir faites pour rien.

HARPAGON, *montrant maître Jacques.*

Pour votre paiement, voilà un homme que je vous donne à pendre.

Me JACQUES.

Hélas ! comment faut-il donc faire ? On me donne des coups de bâton pour dire vrai, et on me veut pendre pour mentir !

ANSELME.

Seigneur Harpagon, il faut lui pardonner cette imposture.

HARPAGON.

Vous paierez donc le commissaire ?

ANSELME.

Soit. Allons vite faire part de notre joie à votre mère.

HARPAGON.

Et moi, voir ma chère cassette.

FIN DU CINQUIÈME ET DERNIER ACTE.

www.ingramcontent.com/pod-product-compliance
Lightning Source LLC
LaVergne TN
LVHW050644090426
835512LV00007B/1026